New

쑥쑥
주니어
일본어
워크북

JPLUS
Language Publishing Co.

ひらがな 글자익히기

1 쓰는 순서를 생각하며 히라가나를 예쁘게 쓰세요.

あ							
い							
う							
え							
お							
か							
き							
く							
け							
こ							

さ							
し							
す							
せ							
そ							
た							
ち							
つ							
て							
と							

ひらがな 글자익히기

な							
に							
ぬ							
ね							
の							
は							
ひ							
ふ							
へ							
ほ							

ま						
み						
む						
め						
も						
や						
ゆ						
よ						
ら						
り						

ひらがな 글자익히기

る						
れ						
ろ						
わ						
を						
ん						

2 모양이 비슷한 글자입니다. 비교하며 쓰세요.

い				う			
り				く			

き				る			
さ				ろ			

3 빈칸에 들어갈 글자를 써 넣으세요.

あ ◯ う え ◯ か ◯ く け ◯

と て ◯ ち た ◯ せ ◯ し さ

◯ に ぬ ◯ ◯ は ひ ◯ へ ◯

り ◯ よ ゆ や ◯ め む ◯ ま

◯ ◯ ろ わ ◯ ん

ひらがな 글자익히기

4 다음 글자를 큰소리로 읽고 쓰세요. (청음을 연습하는 문제입니다.)

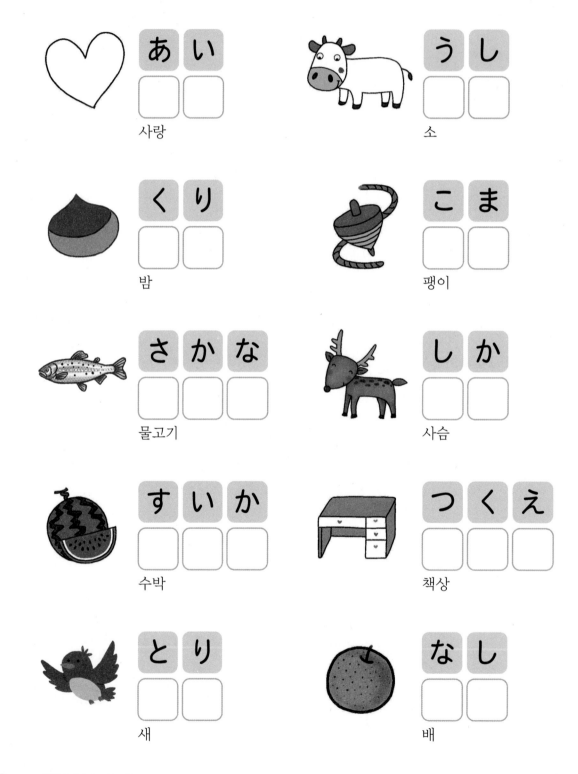

あい
사랑

うし
소

くり
밤

こま
팽이

さかな
물고기

しか
사슴

すいか
수박

つくえ
책상

とり
새

なし
배

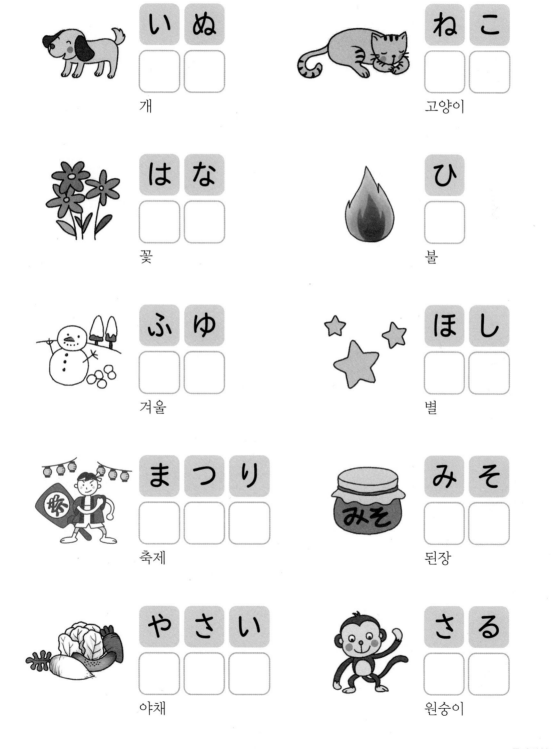

いぬ
개

ねこ
고양이

はな
꽃

ひ
불

ふゆ
겨울

ほし
별

まつり
축제

みそ
된장

やさい
야채

さる
원숭이

ひらがな 글자익히기

5 발음에 주의하여 큰소리로 읽고 쓰세요. (탁음 등을 연습하는 문제입니다.)

い	ち	ご

딸기

か	ば	ん

가방

そ	う	じ

청소

た	ま	ご

계란

の	こ	ぎ	り

톱

も	み	じ

단풍

え	ん	ぴ	つ

연필

に	ほ	ん

일본

ち	き	ゅ	う

지`구

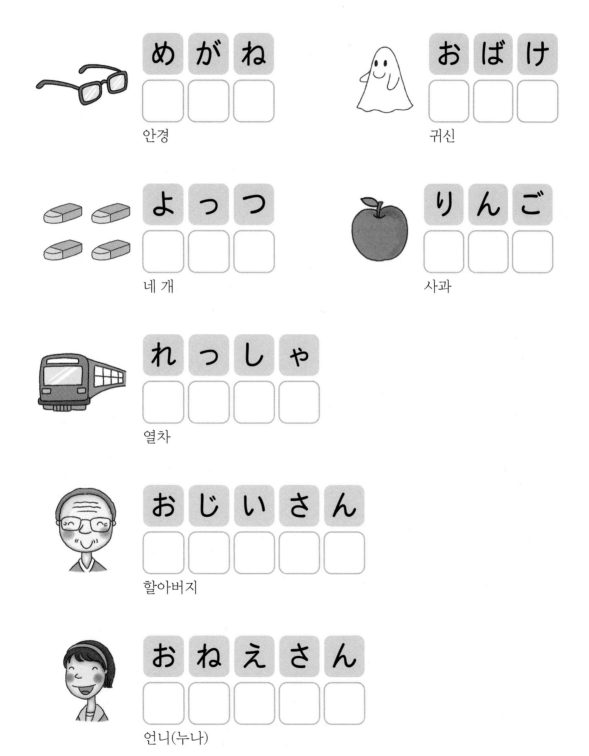

めがね
□□□
안경

おばけ
□□□
귀신

よっつ
□□□
네 개

りんご
□□□
사과

れっしゃ
□□□□
열차

おじいさん
□□□□□
할아버지

おねえさん
□□□□□
언니(누나)

カタカナ 글자익히기

1 쓰는 순서를 생각하며 가타카나를 예쁘게 쓰세요.

ア							
イ							
ウ							
エ							
オ							
カ							
キ							
ク							
ケ							
コ							

サ							
シ							
ス							
セ							
ソ							
タ							
チ							
ツ							
テ							
ト							

カタカナ 글자익히기

ナ							
二							
ヌ							
ネ							
ノ							
ハ							
ヒ							
フ							
ヘ							
ホ							

マ							
ミ							
ム							
メ							
モ							
ヤ							
ユ							
ヨ							
ラ							
リ							

カタカナ 글자익히기

ル							
レ							
ロ							
ワ							
ヲ							
ン							

2 모양이 비슷한 글자입니다. 비교하며 쓰세요.

シ				ソ			
ツ				ン			
ク				ヤ			
フ				セ			

3 빈칸에 들어갈 글자를 써 넣으세요.

ア　イ　◯　エ　オ　カ　◯　ク　◯　コ

ト　テ　ツ　◯　タ　ソ　◯　◯　シ　◯

◯　ニ　ヌ　◯　◯　ハ　ヒ　◯　ヘ　◯

◯　ラ　◯　ユ　ヤ　◯　メ　ム　◯　マ

ル　レ　◯　◯　ヲ　◯

カタカナ 글자익히기

4 그림에 해당하는 단어를 찾아 쓰세요.

~~オムライス~~	コーヒー	サラダ	メロン
タクシー	ネクタイ	ポテト	ホテル
ヤクルト	ワイン	チキン	ケーキ
パン	ノート	コンピューター	バナナ

オムライス

5 왼쪽의 히라가나와 발음이 같은 글자를 찾아 〇하세요.

あ	マ ア	ち	シ チ	む	ム マ
い	イ コ	つ	ツ シ	め	メ ヌ
う	ラ ウ	て	テ レ	も	ヨ モ
え	エ ユ	と	ソ ト	や	ヤ セ
お	ホ オ	な	ナ ウ	ゆ	ユ ヨ
か	カ テ	に	ニ ユ	よ	ヨ コ
き	キ サ	ぬ	ネ ヌ	ら	テ ラ
く	ク ウ	ね	レ ネ	り	リ イ
け	サ ケ	の	ン ノ	る	レ ル
こ	コ ユ	は	ソ ハ	れ	ノ レ
さ	キ サ	ひ	ヒ コ	ろ	ロ オ
し	シ ツ	ふ	ク フ	わ	ウ ワ
す	ツ ス	へ	コ ヘ	を	ヲ オ
せ	セ ヤ	ほ	ホ オ	ん	ン ソ
そ	ソ ン	ま	マ ム		
た	ク タ	み	シ ミ		

1 あいさつ

1 그림을 보고 우리말에 해당하는 인사말을 찾아 기호를 써넣고 큰소리로 말해보세요.

보기

ⓐ こんにちは。　ⓑ おはようございます。

ⓒ じゃあね。　ⓓ こんばんは。　ⓔ おやすみなさい。

①

②

③

④

2 알맞은 인사말끼리 선으로 연결하세요.

① いってらっしゃい。 •   • ⓐ だいじょうぶです。

② すみません。 •   • ⓑ おやすみ。

③ ありがとうございます。 •   • ⓒ おかえりなさい。

④ ただいま。 •   • ⓓ どういたしまして。

⑤ おやすみなさい。 •   • ⓔ いってきます。

1 あいさつ

3 어떻게 인사할까요? 일본어로 쓰세요.

① 밥을 먹기 전에 하는 말은?

→ ⬜⬜⬜⬜⬜⬜ 。

② 밥을 먹고 나서 하는 말은?

→ ⬜⬜⬜⬜⬜⬜⬜⬜⬜ 。

③ 밤에 자기 전에 하는 말은?

→ ⬜⬜⬜⬜⬜⬜ 。

④ 헤어질 때 하는 말은?

→ ⬜⬜⬜⬜⬜ 。

⑤ 학교에 갔다가 집에 돌아와서 하는 말은?

→ ⬜⬜⬜⬜ 。

4 다음 문장을 보고 틀린 글자를 찾아 ○하고, 바르게 고쳐 쓰세요.

① ありかとうごさいます。

☐ ➡ ☐

☐ ➡ ☐

② いただぎます。

☐ ➡ ☐

③ だいじようぶてす。

☐ ➡ ☐

☐ ➡ ☐

④ おかえいなさり。

☐ ➡ ☐

☐ ➡ ☐

⑤ こんばんわ。

☐ ➡ ☐

⑥ たたいま。

☐ ➡ ☐

2 はじめまして。

1 한글은 일본어로 바꾸고, 일본어는 뜻을 쓰세요.

① わたし ＿＿＿＿＿＿＿＿＿ ⑥ 선생님 ＿＿＿＿＿＿＿＿＿

② ちゅうがくせい ＿＿＿＿＿＿＿＿＿ ⑦ 당신(2인칭) ＿＿＿＿＿＿＿＿＿

③ こうこうせい ＿＿＿＿＿＿＿＿＿ ⑧ 예 ＿＿＿＿＿＿＿＿＿

④ ~は ＿＿＿＿＿＿＿＿＿ ⑨ 아니오 ＿＿＿＿＿＿＿＿＿

⑤ ~です ＿＿＿＿＿＿＿＿＿ ⑩ 나, 저(1인칭) ＿＿＿＿＿＿＿＿＿

2 알맞은 것끼리 선으로 연결하세요.

① 한국인 • • にほんじん

② 일본인 • • しゅふ

③ 대학생 • • かんこくじん

④ 주부 • • だいがくせい

⑤ 회사원 • • かいしゃいん

3 はい와 いいえ 중 알맞은 말을 빈칸에 써 넣으세요.

①

   Ⓐ ちゅうがくせいですか。

   Ⓑ ＿＿＿＿＿＿、ちゅうがくせいです。

②

   Ⓐ かんこくじんですか。

   Ⓑ ＿＿＿＿＿＿、かんこくじんでは ありません。

③

   Ⓐ こうこうせいですか。

   Ⓑ ＿＿＿＿＿＿、こうこうせいでは ありません。

④

   Ⓐ にほんじんですか。

   Ⓑ ＿＿＿＿＿＿、にほんじんです。

⑤

   Ⓐ せんせいですか。

   Ⓑ ＿＿＿＿＿＿、せんせいでは ありません。

2 はじめまして。

4 다음 빈칸에 들어갈 글자를 써 넣으세요.

처음 뵙겠습니다.　　　　　　　はじめ ☐ ☐ ☐ 。

저는 소라입니다.　　　　　　　わたし ☐ 　そら ☐ ☐ 。

저는 고등학생이 아닙니다.　　わたし ☐ 　こうこうせい ☐ ☐
☐ ☐ ☐ ☐ ☐ 。

저는 한국인입니다.　　　　　　わたし ☐ 　かんこく ☐ ☐
☐ ☐ 。

5 다음 그림을 보고 질문에 답하세요.

①
　A しゅふですか。
　B ＿＿＿＿＿＿＿＿＿＿＿＿＿＿＿＿＿ 。

②
　A ちゅうがくせいですか。
　B ＿＿＿＿＿＿＿＿＿＿＿＿＿＿＿＿＿ 。

③
　A せんせいですか。
　B ＿＿＿＿＿＿＿＿＿＿＿＿＿＿＿＿＿ 。

6 다음 숫자를 일본어로 읽고 쓰세요.

7 다음 문장을 읽고 전화번호를 숫자로 쓰세요.

① さんさんにの はちはちきゅうゼロです。

　☐☐☐ - ☐☐☐☐

② ゼロにの さんよんいちごの ごいちきゅうななです。

　☐☐ - ☐☐☐☐ - ☐☐☐☐

③ ゼロいちゼロの ななろくごの いちごいちよんです。

　☐☐☐ - ☐☐☐ - ☐☐☐☐

8 다음 질문에 답하세요. (가나로 쓰세요.)

> あなたの でんわばんごうは なんばんですか。

→ ＿＿＿＿＿＿＿＿＿＿＿＿＿＿＿＿＿＿＿＿＿＿＿。

3 これは なんですか。

1 한글은 일본어로 바꾸고, 일본어는 뜻을 쓰세요.

① これ _____   ⑥ 누구 _____

② それ _____   ⑦ ~의, ~의 것 _____

③ あれ _____   ⑧ 휴대폰 _____

④ めがね _____   ⑨ 시계 _____

⑤ ～も _____   ⑩ 무엇입니까? _____

2 알맞은 단어를 골라 ○하세요.

かばん
がばん

えんぴつ
へんぴつ

ノート
ソート

どけい
とけい

けしゴム
けすゴム

めがね
ぬがね

3 다음 빈칸에 들어갈 말을 써 넣으세요.

이건 뭐예요?　　これは □ □ □ □ □ 。

그건 휴대폰이에요.　　□ □ は けいたいでんわです。

누구 거예요?　　□ □ □ ですか。

내 거예요.　　わたし □ です。

4 다음 문장을 읽고 알맞은 그림과 연결하세요.

① Ⓐ これは なんですか。
　Ⓑ それは ほんです。　　　　　•　　　　•　ⓐ

② Ⓐ あれは なんですか。
　Ⓑ あれは とけいです。　　　　•　　　　•　ⓑ

③ Ⓐ それは なんですか。
　Ⓑ これは ノートです。　　　　•　　　　•　ⓒ

5 다음 빈칸에 들어갈 글자를 써 넣으세요.

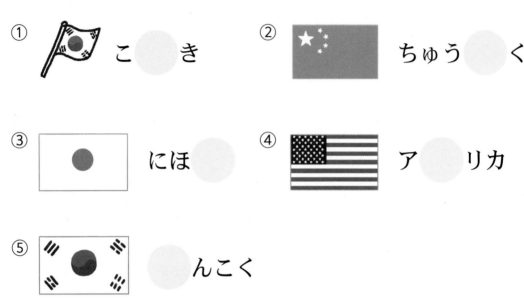

① こ〇き　　② ちゅう〇く

③ にほ〇　　④ ア〇リカ

⑤ 〇んこく

6 보기 의 단어를 찾아 보세요.

あ	か	さ	た	ま	れ	あ	こ	し	り	ご	ぽ	こ	い
に	ひ	り	さ	ち	ゅ	う	ご	く	え	い	き	そ	め
ほ	け	い	た	い	で	ん	わ	あ	ん	う	こ	と	が
ん	と	ほ	ん	へ	う	ゆ	か	お	ぴ	え	れ	ら	ね
わ	い	け	に	ぽ	ん	ば	み	ま	つ	ぬ	き	も	の
け	し	お	い	ぽ	ん	か	こ	っ	き	り	ゆ	れ	そ

보기
| にほん | とけい | めがね | | かばん | きもの |
| えんぴつ | ほん | けいたいでんわ | ちゅうごく | こっき |

7 알맞은 대답을 이어 주세요.

① これは なんですか。 •

• ⓐ はい。これも そらさんのです。

② これは だれの きものですか。 •

• ⓑ それは かばんです。

③ それも そらさんのですか。 •

• ⓒ わたしのです。

④ にほんの こっきは どれですか。 •

• ⓓ あれは めがねです。

⑤ あれは なんですか。 •

• ⓔ これです。

4 どこですか。

1 한글은 일본어로 바꾸고, 일본어는 뜻을 쓰세요.

① ここ _____

② あそこ _____

③ どこ _____

④ では _____

⑤ 교실 _____

⑥ 화장실 _____

⑦ ~층 _____

⑧ 학교 _____

2 그림을 보고 해당하는 장소 이름을 써 넣으세요.

보기
> きょうしつ　ばいてん　しょくどう
> おんがくしつ　としょかん

ここは なんですか。

3 1~10층까지 익히고 아래 그림에 층수를 일본어로 쓰세요.

1 いっかい ⬜⬜⬜ ⬜⬜⬜ ⬜⬜⬜

2 にかい ⬜⬜⬜ ⬜⬜ ⬜⬜

3 さんがい ⬜⬜⬜ ⬜⬜⬜ ⬜⬜⬜

4 よんかい ⬜⬜⬜ ⬜⬜⬜ ⬜⬜⬜

5 ごかい ⬜⬜⬜ ⬜⬜ ⬜⬜

6 ろっかい ⬜⬜⬜ ⬜⬜⬜ ⬜⬜⬜

7 ななかい ⬜⬜⬜ ⬜⬜⬜ ⬜⬜⬜

8 はちかい ⬜⬜⬜ ⬜⬜⬜ ⬜⬜⬜

9 きゅうかい ⬜⬜⬜⬜ ⬜⬜⬜⬜

10 じゅっかい
（じっかい） ⬜⬜⬜⬜ ⬜⬜⬜

4 どこですか。

4 다음 문장을 읽고 자연스러운 대화가 되도록 순서대로 기호를 쓰세요.

> Ⓐ では、トイレは。
>
> Ⓑ そらさんの きょうしつは どこですか。
>
> Ⓒ トイレ? トイレは 2かいです。
>
> Ⓓ わたしの きょうしつは あそこです。
>
> Ⓔ いってきます。

◯ → ◯ → ◯ → ◯ → ◯

5 빈칸에 들어갈 말을 써 넣으세요.

> 보기
>
> どこですか　　なんですか

① Ⓐ ここは ＿＿＿＿＿＿＿＿＿＿。

　Ⓑ ここは きょうしつです。

② Ⓐ トイレは ＿＿＿＿＿＿＿＿＿＿。

　Ⓑ トイレは あそこです。

6 그림의 단어로 알맞은 것을 고르세요.

テパート
デパート

びよういん
びょういん

こえん
こうえん

しょうぼうしょ
そうぼうしょ

としょかん
どしょかん

ぎんこう
ぎんこ

いいえ
いええ

えき
ヨク

7 다음 문장을 일본어로 쓰세요.

① 화장실은 어디예요?

_____

② 3층이에요.

_____

③ 갔다올게요.

_____

5 いくらですか。

1 일본어로 바꾸세요.

얼마예요?

① _____

어디 거예요?

② _____

2 빈칸에 들어갈 글자를 써 넣으세요.

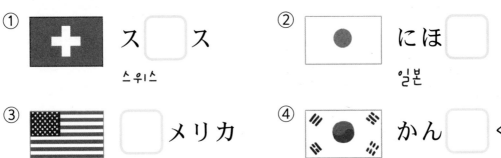

① ス ☐ ス
스위스

② にほ ☐
일본

③ ☐ メリカ
미국

④ かん ☐ く
한국

⑤ ☐ ランス
프랑스

⑥ ☐ ングラス
선글라스

⑦ く ☐
신발

⑧ ちゅう ☐ く
중국

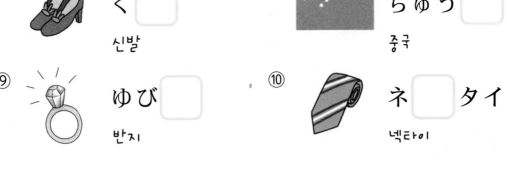

⑨ ゆび ☐
반지

⑩ ネ ☐ タイ
넥타이

3 다음 숫자를 읽어보세요. (가나로 쓰세요.)

① 200

② 350

③ 420

④ 680

⑤ 3900

⑥ 8300

⑦ 2024

⑧ 1989

⑨ 1945

4 그림을 보며 질문의 답을 가나로 쓰세요.

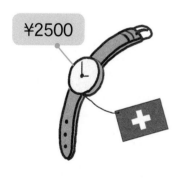

¥2500

Ⓐ この とけいは いくらですか。

Ⓑ ＿＿＿＿＿＿＿＿＿＿＿＿＿＿＿ 。

Ⓐ どこのですか。

Ⓑ ＿＿＿＿＿＿＿＿＿＿＿＿＿＿＿ 。

5 색이름을 보고 알맞게 색칠하세요.

あか　　くろ　　きいろ

ピンク　　あお　　みどり

オレンジ　　ちゃいろ　　むらさき

6 다음 지시대로 색칠해 보세요. 무엇이 보이나요?

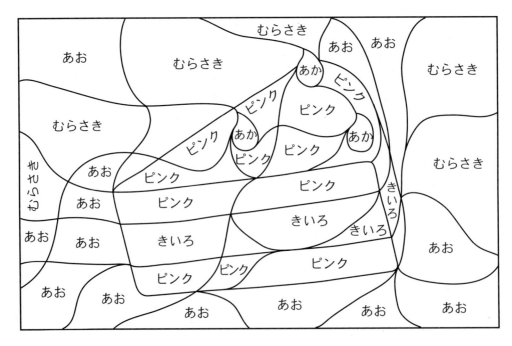

7 다음 금액을 읽고 금액만큼 그림의 돈을 그려 넣으세요.

①
この かばんは せんごひゃく
えんです。

②
この ぼうしは せんよんひゃく
ごじゅうえんです。

③
この ほんは ごひゃくきゅう
じゅうえんです。

④
この ネクタイは にせん
さんびゃくよんじゅうえんです。

6 いつまでですか。

1 한글은 일본어로 바꾸고, 일본어는 뜻을 쓰세요.

① いま _____   ⑥ 비디오 _____

② あした _____   ⑦ 몇 시 _____

③ ～まで _____   ⑧ 5시 _____

④ きょう _____   ⑨ 무슨 요일 _____

⑤ きのう _____   ⑩ ～부터 _____

2 다음 빈칸에 들어갈 말을 써 넣으세요.

げつようび　□ようび　□□ようび　□□ようび

□□ようび　□ようび　□□ようび

3 지금 몇 시예요? 시계를 보고 말해보세요.

いま なんじですか。

① _____

② _____

③ _____

④ _____

⑤ _____

⑥ _____

4 알맞은 대답을 연결하세요.

① いま なんじですか。•   • ⓐ にじから さんじまでです。

② きょうは なんようびですか。•   • ⓑ ろくじです。

③ いつまでですか。•   • ⓒ あしたまでです。

④ なんじから なんじまでですか。•   • ⓓ どようびです。

6 いつまでですか。

5 아래 계획표를 보고 빈칸에 들어갈 말을 써 넣으세요.

日	月	火	水	木	金	土
하루 푹~ 쉬기 "오늘"	2시~3시 피아노 4시~5시 영어		4시~5시 영어	2시~3시 피아노	시험!! ㅠㅠ D-Day 9시~11시	6시 콘서트

① ピアノは なんようびと なんようびですか。

_____と _____です。

② ピアノは なんじから なんじまでですか。

_____から _____までです。

③ えいごのじゅくは なんじから なんじまでですか。

_____から _____までです。

④ えいごのじゅくは なんようびと なんようびですか。

_____と _____です。

⑤ テストは なんようび、なんじから なんじまでですか。

____ようび、_____から _____までです。

⑥ コンサートは なんようびですか。

　　　　＿＿＿＿＿＿＿＿です。

⑦ コンサートは なんじからですか。

　　　　＿＿＿＿＿＿＿＿からです。

⑧ きょうは なんようびですか。

　　　　＿＿＿＿＿＿＿＿です。

6 문장을 읽고 스케줄표를 완성해보세요.

Ⓐ ピアノは なんようびと なんようび
　 ですか。

Ⓑ もくようびと どようびです。

Ⓐ テストは なんようびから なんようびま
　 でですか。

Ⓑ げつようびから すいようびまでです。

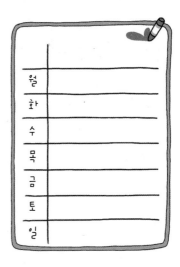

월
화
수
목
금
토
일

ピアノ
피아노

テスト
시험

7 あついですね。

1 다음 중 맞는 표기를 찾아 ○하세요.

① 도쿄
- ⓐ どきょう
- ⓑ とうきょう
- ⓒ とうきょ

② 서울
- ⓐ ソウル
- ⓑ ンウル
- ⓒ シウル

③ 겨울
- ⓐ ふよ
- ⓑ ふや
- ⓒ ふゆ

④ 이렇게
- ⓐ そんなに
- ⓑ こんなに
- ⓒ あんなに

2 반대말이 되도록 빈칸에 알맞은 말을 쓰세요.

あかるい		いい	
	ちいさい		かるい
	みじかい		やすい
	せまい	うれしい	
はやい		あつい (덥다)	

3 그림을 보고 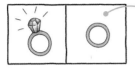와 같이 말해보세요

A この ゆびわは たかいですか。
B いいえ、たかくありません。やすいです。

①
A この えんぴつは みじかいですか。
B いいえ、＿＿＿＿＿＿＿＿＿＿＿＿＿＿＿＿

②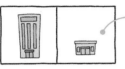
A この ビルは たかいですか。
B いいえ、＿＿＿＿＿＿＿＿＿＿＿＿＿＿＿＿

③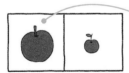
A この りんごは ちいさいですか。
B いいえ、＿＿＿＿＿＿＿＿＿＿＿＿＿＿＿＿

④
A この とけいは ふるいですか。
B いいえ、＿＿＿＿＿＿＿＿＿＿＿＿＿＿＿＿

⑤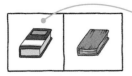
A この 本は うすいですか。
B いいえ、＿＿＿＿＿＿＿＿＿＿＿＿＿＿＿＿

7 あついですね。

4 보기 의 단어를 이용하여 빈칸에 들어갈 글자를 써 넣으세요.

보기

あし　みみ　かみ　て
こし　くち　くび　はな
め　　うで

5 자신에게 해당하는 것에 체크하세요.

わたしの めは	おおきいです。 ☐
	ちいさいです。 ☐
かみは	みじかいです。 ☐
	ながいです。 ☐
くちは	おおきいです。 ☐
	ちいさいです。 ☐
はなは	たかいです。 ☐
	ひくいです。 ☐

6 다음 문장을 읽고 어느 동물에 해당하는 설명인지 선으로 이으세요.

① わたしは はなが ながいです。•

                                      • ⓐ

② わたしは みみが ながいです。•

                                      • ⓑ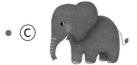

③ わたしは くびが ながいです。•

                                      • ⓒ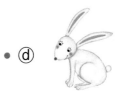

④ わたしは あしが おそいです。•

                                      • ⓓ

7 다음 설명에 맞는 그림을 그려보세요.

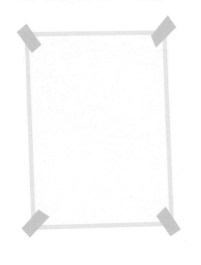

> わたしの かみは ながいです。
> めは おおきいです。
> はなは たかいです。
> くちは ちいさいです。

8 すきです。

1 한글은 일본어로 바꾸고, 일본어는 뜻을 쓰세요.

① くだもの _____   ⑥ 야채 _____

② いちご _____   ⑦ 우유 _____

③ すきだ _____   ⑧ 콜라 _____

④ きらいだ _____   ⑨ 노래 _____

⑤ とくに _____   ⑩ 중국어 _____

2 다음 단어들 중 종류가 <u>다른 것</u> 하나를 고르세요.

①
ⓐ りんご   ⓑ バイナップル

ⓒ なし   ⓓ じゃがいも

②
ⓐ トマト   ⓑ かき

ⓒ たまねぎ   ⓓ ピーマン

3 예와 같이 바꾸세요.

> **예** かんたんだ   かんたんです。   간단합니다.
> 간단하다   かんたんでは ありません。   간단하지 않습니다.

① **じょうずだ** _____ 잘합니다.
    잘하다   _____ 잘하지 않습니다.

② **しずかだ** _____ 조용합니다.
    조용하다   _____ 조용하지 않습니다.

③ **べんりだ** _____ 편리합니다.
    편리하다   _____ 편리하지 않습니다.

④ **すきだ** _____ 좋아합니다.
    좋아하다   _____ 좋아하지 않습니다.

⑤ **きらいだ** _____ 싫어합니다.
    싫어하다   _____ 싫어하지 않습니다.

8 すきです。

4 다음 중 イ형용사는 イ형용사 주머니에, ナ형용사는 ナ형용사 주머니에 써 넣으세요.

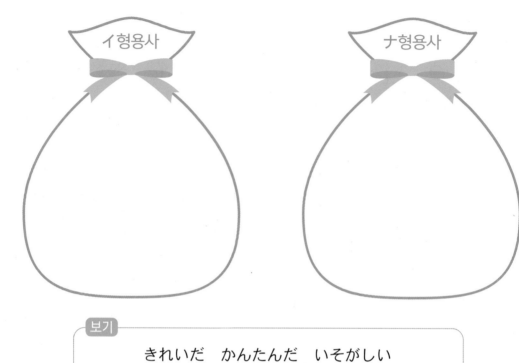

イ형용사

ナ형용사

보기

きれいだ　かんたんだ　いそがしい
あたらしい　きらいだ　ひまだ　きたない

5 반대말끼리 선으로 이으세요.

① じょうずだ ・　　　　・ⓐ いそがしい

② にぎやかだ ・　　　　・ⓑ ふべんだ

③ べんりだ ・　　　　・ⓒ へただ

④ きれいだ ・　　　　・ⓓ きたない

⑤ ひまだ ・　　　　・ⓔ しずかだ

6 다음 그림을 보고 빈칸에 들어갈 말을 써 넣으세요.

Ⓐ いちごと すいかと どちらが おおきい
ですか。

Ⓑ ＿＿＿＿＿＿ の ほうが おおきいです。

Ⓐ Aさんと Bさんと どちらが えいごが
じょうずですか。

Ⓑ ＿＿＿＿＿＿ の ほうが じょうずです。

Ⓐ Aさんの へやと Bさんの へやと どち
らが きれいですか。

Ⓑ ＿＿＿＿＿＿ の ほうが きれいです。

7 그림을 보고 질문에 답하세요.

① そらさんは コーラが すきですか。

② そらさんは ピアノが じょうずですか。

③ そらさんは ちゅうごくごが じょうずで
すか。

④ そらさんは いちごが すきですか。

9 どこに ありますか。

1 다음 그림에 해당하는 단어를 쓰세요.

햄

있다(사물)

냉장고

안

빵

전자레인지

위

있다(사람)

접시

아래

뒤

앞

2 다음 빈칸에 들어갈 말을 써 넣으세요.

あります	います	ありません	いません
なか	うえ	まえ	した

①

へびは どこに いますか。

へびは はこの ＿＿＿＿ に ＿＿＿＿＿＿。

②

ボールは どこに ありますか。

ボールは いすの ＿＿＿＿ に ＿＿＿＿＿＿。

③

うさぎは どこに いますか。

うさぎは くまの ＿＿＿＿ に ＿＿＿＿＿＿。

④

ねずみは どこに いますか。

ねずみは いすの ＿＿＿＿ に ＿＿＿＿＿＿。

3 알맞은 것끼리 선으로 이으세요.

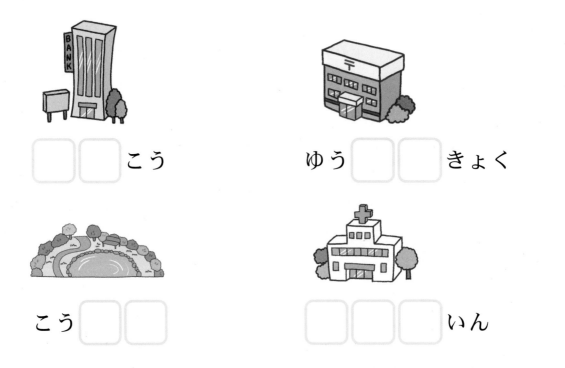

おじいさん ・ ・ あに

おばあさん ・ ・ そぼ

おとうさん ・ ・ はは

おかあさん ・ ・ あね

おねえさん ・ ・ ちち

おにいさん ・ ・ そふ

4 빈칸에 들어갈 글자를 써 넣으세요.

☐ ☐ こう

ゆう ☐ ☐ きょく

こう ☐ ☐

☐ ☐ ☐ いん

5 그림을 보고 다음 질문에 답하세요.

① おじいさんは いますか。

→ _____

② おねえさんは いますか。

→ _____

③ いもうとは いますか。

→ _____

④ おとうとは いますか。

→ _____

나

6 그림을 보고 해당하는 장소 이름의 기호를 써 넣으세요.

ⓐ いま

ⓑ おくじょう

ⓒ へや

ⓓ だいどころ

ⓔ おふろば

ⓕ しんしつ

ⓖ しゃこ

10 何時に おきますか。

1 다음 빈칸에 들어갈 조사를 써 넣으세요.

① わたし 〇 7時 〇 おきます。

② 8時30分 〇 学校 〇 いきます。

③ 9時 〇 シャワー 〇 あびます。

④ 10時から 本 〇 よみます。

보기
に が へ
は を の

2 알맞은 동사를 이어 주세요.

① かおを • • ⓐ いきます

② 学校へ • • ⓑ たべます

③ ひるごはんを • • ⓒ あらいます

④ テレビを • • ⓓ あびます

⑤ シャワーを • • ⓔ します

⑥ べんきょうを • • ⓕ かえります

⑦ 本を • • ⓖ よみます

⑧ 家に • • ⓗ みます

3 다음 동사의 기본형을 보고 **ます**형과 **ません**형으로 바꾸세요.

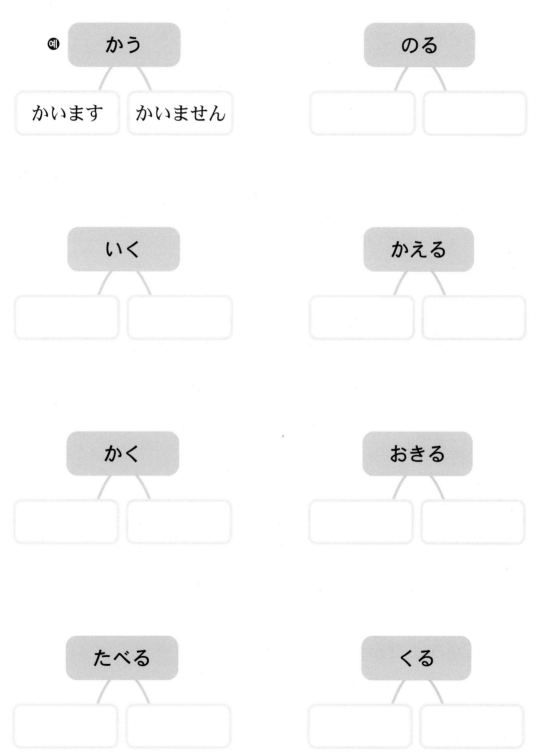

예　かう

かいます　　かいません

のる

いく

かえる

かく

おきる

たべる

くる

4 다음 동사의 기본형을 쓰세요.

① あびます _____   ⑤ します _____

② いきます _____   ⑥ あらいます _____

③ かえります _____   ⑦ つくります _____

④ よびます _____   ⑧ さきます _____

5 그림을 보고 맞으면 ○, 틀리면 X 표를 하세요.

| よく | ときどき | あまり |

① ハンバーガーを よく たべます。　▢

② えいがは あまり みません。　▢

③ しんぶんは あまり よみません。　▢

④ てがみは ぜんぜん かきません。　▢

⑤ よく ほんやへ いきます。　▢

⑥ ときどき ちかてつに のります。　▢

6 다음 질문에 자유롭게 답하세요.

① あさ なんじに おきますか。

→ _____

② あさ なんじに がっこうに いきますか。

→ _____

③ ひるごはんは なんじに たべますか。

→ _____

④ 家には なんじに かえりますか。

→ _____

⑤ 毎日 シャワーを あびますか。

→ _____

⑥ 毎日 テレビの ニュースを みますか。

→ _____

⑦ なんじに ねますか。

→ _____

11 たべたいです。

1 빈칸에 들어갈 말로 알맞은 것을 고르세요.

A ① 　　　　　　　　　　　　　　。

B おすしと てんぷらを ください。

A ② 　　　　　　　　　　　　　　。

B ありがとうございます。

<보기>

ⓐ おまたせしました。　ⓑ ごちゅうもんよろしいですか。

ⓒ すみません。　　　　ⓓ どういたしまして。

2 다음 동사를 **예**와 같이 바꾸세요.

예 いく	いきます	いきたいです
① みる		
② かえる		
③ よむ		
④ のむ		
⑤ くる		
⑥ する		

3 그림을 보고 다음 질문에 답하세요.

① なにが したいですか。　かいものする

→ _____

② なにが かいたいですか。　けいたい

→ _____

③ どこに いきたいですか。　じんじゃ

→ _____

④ なにが みたいですか。　かぶき

→ _____

⑤ なにが たべたいですか。　ラーメン

→ _____

たべたいです。

4 다음 그림을 보고 주문하세요.

すし

うどん

Ⓐ ごちゅうもん よろしいですか。

Ⓑ ＿＿＿＿ と ＿＿＿＿ を ください。

Ⓐ はい、かしこまりました。

ざるそば　　うどん

＋

てんぷら

Ⓐ いらっしゃいませ。

　ごちゅうもん よろしいですか。

Ⓑ ＿＿＿＿ と ＿＿＿＿ を ください。

　＿＿＿＿ も ください。

Ⓐ はい、かしこまりました。

やきそば

すし

とんかつ

Ⓐ いらっしゃいませ。

　ごちゅうもん よろしいですか。

Ⓑ ＿＿＿＿ と ＿＿＿＿ を ください。

　＿＿＿＿ も ください。

Ⓐ はい、かしこまりました。

5 그림을 보고 알맞은 음식 이름을 연결하세요.

① やきそば ・

② すし ・

③ うどん ・

④ なっとう ・

⑤ たこやき ・

⑥ さしみ ・

⑦ ざるそば ・

⑧ てんぷら ・

⑨ うめぼし ・

⑩ しゃぶしゃぶ ・

・ⓐ

・ⓑ

・ⓒ

・ⓓ

・ⓔ

・ⓕ

・ⓖ

・ⓗ

・ⓘ

・ⓙ

12 また きてください。

1 다음 문장에서 동사를 찾아 밑줄을 긋고, 기본형과 뜻을 쓰세요.

예 名前を <u>いって</u> ください。

いう 말하다

① また きて ください。

② ここで まって ください。

③ この バスに のって ください。

④ ここに 住所を かいて ください。

⑤ 本を よんで ください。

⑥ これから にほんごで はなして ください。

⑦ ここを みて ください。

⑧ あさごはんを きちんと たべて ください。

⑨ しずかに して ください。

2 다음 동사의 뜻을 쓰고, ~て ください로 바꾸세요.

① あるく

　[　　　　　] → _____

② すわる

　[　　　　　] → _____

③ わらう

　[　　　　　] → _____

④ うたを うたう

　[　　　　　] → _____

⑤ おどる

　[　　　　　] → _____

12 また きてください。

3 다음 단어와 문장을 찾아보세요.

い	く	お	え	る	い	か	す	な	に
わ	ね	せ	き	れ	さ	よ	う	な	ら
つ	ら	わ	い	お	も	い	を	し	た
か	な	に	を	き	を	つ	け	て	お
わ	は	な	す	せ	な	も	え	ら	ど
い	あ	り	な	う	ぜ	く	ざ	ぶ	お
き	る	ま	る	ま	る	ひ	ぜ	ひ	ど
か	よ	し	ぜ	み	わ	か	る	い	る
た	ね	た	ほ	ん	と	う	に	な	よ
ま	た	き	て	く	だ	さ	い	め	ね

울다 역

말하다 꼭

춤추다 정말로

조심해서 가세요 안녕

또 오세요 신세졌습니다

4 그림을 보고 ~て ください로 말해보세요.

앞을 봐 주세요.

みる

① 前を _____

7시에 일어나세요.

おきる

② 7時に _____

3시까지 와 주세요.

くる

③ 3時まで _____

여기서는 조용히 해 주세요.

する

④ ここでは しずかに

_____

꼭 전화하세요.

でんわする

⑤ 必ず _____

워크북 정답

1과   p.20

1.
① ⓑ
② ⓐ
③ ⓒ
④ ⓔ

2.
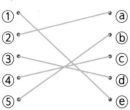

3.
① いただきます。
② ごちそうさまでした。
③ おやすみなさい。
④ さようなら。
⑤ ただいま。

4.
① ありかとうごさいます。
　か → が　さ → ざ
② いただぎます。
　ぎ → き
③ だいじようぶてす。
　よ → ょ　て → で
④ おかえいなさり。
　い → り　り → い
⑤ こんばんわ。
　わ → は
⑥ たたいま。
　た → だ

2과   p.24

1.
① 나　　　　　　⑥ せんせい
② 중학생　　　　⑦ あなた
③ 고등학생　　　⑧ はい
④ ~은/는　　　⑨ いいえ
⑤ ~입니다　　　⑩ わたし

2.

3.
① はい
② いいえ
③ いいえ
④ はい
⑤ いいえ

4.
はじめまして。
わたしは そらです。
わたしは こうこうせいでは
ありません。
わたしは かんこくじんです。

5.
① はい、しゅふです。
② いいえ、ちゅうがくせいではありません。
③ いいえ、せんせいではありません。

6.

0	1	2	3	4
れい/ゼロ	いち	に	さん	よん/し
5	6	7	8	9
ご	ろく	しち/なな	はち	きゅう/く

7.

① 332 – 8890

② 02 – 3415 – 5197

③ 010 – 765 – 1514

3과   p.28

1.

① 이것   ⑥ だれ

② 그것   ⑦ ~の

③ 저것   ⑧ けいたい(でんわ)

④ 안경   ⑨ とけい

⑤ ~도   ⑩ なんですか。

2.

かばん / がばん

えんぴつ / へんぴつ

ノート / ソート

どけい / とけい

けしゴム / けすゴム

めがね / ぬがね

3.

これは なんですか。

それは けいたいでんわです。

だれのですか。

わたしのです。

4.

① — b

② — a

③ — c

5.

① こっき   ② ちゅうごく

③ にほん   ④ アメリカ

⑤ かんこく

6.

あ	か	さ	た	ま	れ	あ	こ	し	り	ご	ぽ	こ	い
に	ひ	り	さ	ちゅ	う	ご	く	え	い	き	そ	め	
ほ	け	い	た	い	で	ん	わ	あ	ん	う	こ	と	が
ん	と	ほ	ん	へ	う	ゆ	か	お	び	え	れ	ら	ね
わ	い	け	に	ぽ	ん	ば	み	ま	つ	ぬ	き	も	の
け	し	お	い	ぽ	ん	か	こっ	き	り	ゆ	れ	そ	

7.

① — c

② — d

③ — a

④ — e

⑤ — b

4과   p.32

1.

① 여기   ⑤ きょうしつ

② 저기   ⑥ トイレ

③ 어디   ⑦ ~かい

④ 그럼   ⑧ がっこう

2.

おんがくしつ, としょかん, ばいてん,

きょうしつ, しょくどう

워크북 정답

3.

4.

5.
① なんですか
② どこですか

6.

 テパート / デパート びょういん / びょういん

 こえん / こうえん しょうぼうしょ / そうぼうしょ

 としょかん / どしょかん ぎんこう / ぎんこ

 いいえ / いええ えき / ヨク

7.
① トイレは どこですか。
② さんがいです。
③ いってきます。

5과 p.36

1.
① いくらですか。
② どこのですか。

2.
① スイス ② にほん
③ アメリカ ④ かんこく
⑤ フランス ⑥ サングラス
⑦ くつ ⑧ ちゅうごく
⑨ ゆびわ ⑩ ネクタイ

3.
① にひゃく
② さんびゃくごじゅう
③ よんひゃくにじゅう
④ ろっぴゃくはちじゅう
⑤ さんぜんきゅうひゃく
⑥ はっせんさんびゃく
⑦ にせんにじゅうよん
⑧ せんきゅうひゃくはちじゅうきゅう
⑨ せんきゅうひゃくよんじゅうご

4.
にせんごひゃくえんです。
スイスのです。

6.

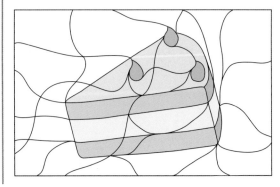

7.

①  1000 500

② 1000 100 100 100 100 50

③ 500 50 10 10 10 10

④ 1000 1000 100 100 100
10 10 10 10

6과   p.40

1.

① 지금	⑥ ビデオ
② 내일	⑦ なんじ
③ ~까지	⑧ ごじ
④ 오늘	⑨ なんようび
⑤ 어제	⑩ ~から

2.

かようび　　すいようび　　もくようび
きんようび　どようび　　にちようび

3.

① ごじです。
② よじです。
③ くじです。
④ はちじさんじゅっぷんです。
⑤ じゅうにじさんじゅっぷんです。
⑥ じゅうにじです。

4.

① — ⓒ
② — ⓓ
③ — ⓐ
④ — ⓑ

5.

① げつようびと もくようびです。
② にじから さんじまでです。
③ よじから ごじまでです。
④ げつようびと すいようびです。
⑤ きんようび、くじから じゅういちじま
　です。
⑥ どようびです。
⑦ ろくじからです。
⑧ にちようびです。

6.

7과   p.44

1.

① ⓑ	② ⓐ
③ ⓒ	④ ⓑ

2.

あかるい	–	くらい
いい	–	わるい
おおきい	–	ちいさい
おもい	–	かるい
ながい	–	みじかい
たかい	–	やすい
ひろい	–	せまい
うれしい	–	かなしい
はやい	–	おそい

あつい　−　さむい

3.
① みじかくありません。ながいです。
② たかくありません。ひくいです。
③ ちいさくありません。おおきいです。
④ ふるくありません。あたらしいです。
⑤ うすくありません。あついです。

4.

みみ
め
くび
うで
こし
あし
かみ
はな
くち
て

6.
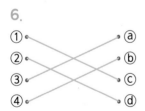
① ② ③ ④
ⓐ ⓑ ⓒ ⓓ

8과　　　　　　　　　　p.48

1.
① 과일　　　　⑥ やさい
② 딸기　　　　⑦ ぎゅうにゅう
③ 좋아하다　　⑧ コーラ
④ 싫어하다　　⑨ うた
⑤ 특히　　　　⑩ ちゅうごくご

2.
① ⓓ
② ⓑ

3.
① じょうずです。/ じょうずではありません。
② しずかです。/ しずかではありません。
③ べんりです。/ べんりではありません。
④ すきです。/ すきではありません。
⑤ きらいです。/ きらいではありません。

4.
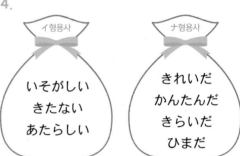

イ형용사
いそがしい
きたない
あたらしい

ナ형용사
きれいだ
かんたんだ
きらいだ
ひまだ

5.
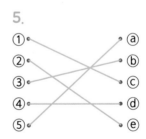
① ② ③ ④ ⑤
ⓐ ⓑ ⓒ ⓓ ⓔ

6.
すいか
Bさん
Aさんのへや

7.
① いいえ、すきではありません。
② はい、じょうずです。
③ いいえ、じょうずではありません。
④ はい、すきです。

9과　　　　　　　　　　　p.52

1.

ハム	ある
れいぞうこ	なか
パン	レンジ
うえ	いる
おさら	した
うしろ	まえ

2.

① へびは はこの なかに います
② ボールは いすの うえに あります
③ うさぎは くまの まえに います
④ ねずみは いすの したに います

3.

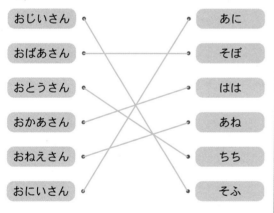

おじいさん　　　　あに
おばあさん　　　　そぼ
おとうさん　　　　はは
おかあさん　　　　あね
おねえさん　　　　ちち
おにいさん　　　　そふ

4.

ぎんこう　　　　ゆうびんきょく
こうえん　　　　びょういん

5.

① はい、います。
② はい、います。
③ いいえ、いません。
④ はい、います。

6.

10과　　　　　　　　　　　p.56

1.

① は　　に
② に　　に(へ)
③ に　　を
④ を

2.

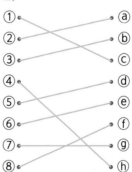

①　　ⓐ
②　　ⓑ
③　　ⓒ
④　　ⓓ
⑤　　ⓔ
⑥　　ⓕ
⑦　　ⓖ
⑧　　ⓗ

3.

のる	のります	のりません
いく	いきます	いきません
かえる	かえります	かえりません
かく	かきます	かきません
おきる	おきます	おきません
たべる	たべます	たべません
くる	きます	きません

워크북 정답

4.

① あびる ⑤ する
② いく ⑥ あらう
③ かえる ⑦ つくる
④ よぶ ⑧ さく

5.

① O
② X
③ O
④ X
⑤ X
⑥ O

11과   p.60

1.

① ⓑ
② ⓐ

2.

① みます みたいです
② かえります かえりたいです
③ よみます よみたいです
④ のみます のみたいです
⑤ きます きたいです
⑥ します したいです

3.

① かいものしたいです。
② けいたいが かいたいです。
③ じんじゃに いきたいです。
④ かぶきが みたいです。
⑤ ラーメンが たべたいです。

4.

すし, うどん

ざるそば, うどん, てんぷら
やきそば, すし, とんかつ

5.

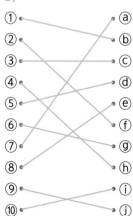

①		ⓐ
②		ⓑ
③		ⓒ
④		ⓓ
⑤		ⓔ
⑥		ⓕ
⑦		ⓖ
⑧		ⓗ
⑨		ⓘ
⑩		ⓙ

12과   p.64

1.

① きて くる 오다
② まって まつ 기다리다
③ のって のる 타다
④ かいて かく 쓰다
⑤ よんで よぶ 부르다
⑥ はなして はなす 이야기하다
⑦ みて みる 보다
⑧ たべて たべる 먹다
⑨ して する 하다

2.

① 걷다 あるいて ください。
② 앉다 すわって ください。
③ 웃다 わらって ください。
④ 노래를 부르다 うたを うたって ください。
⑤ 춤추다 おどって ください。

3.

い	く	お	え	る	い	か	す	な	に
わ	ね	せ	き	れ	さ	よ	う	な	ら
つ	ら	わ	い	お	も	い	を	し	た
か	な	に	を	き	を	つ	け	て	お
わ	は	な	す	せ	な	も	え	ら	ど
い	あ	り	な	う	ぜ	く	ざ	ぶ	お
き	る	ま	る	ま	る	ひ	ぜ	ひ	ど
か	よ	し	ぜ	み	わ	か	る	い	る
た	ね	た	ほ	ん	と	う	に	な	よ
ま	た	き	て	く	だ	さ	い	め	ね

4.

① みて ください。

② おきて ください。

③ きて ください。

④ して ください。

⑤ でんわして ください。

쑥쑥 주니어 일본어 워크북

개정3판	2024년 3월 20일
저자	기획편집부
삽화	김세라
발행인	이기선
발행처	제이플러스
주소	121-826 서울시 마포구 월드컵로 31길 62
영업부	02-332-8320
편집부	02-3142-2520
등록번호	제 10-1680호
등록일자	1998년 12월 9일
홈페이지	www.jplus114.com
ISBN	979-11-5601-253-5

©JPLUS 2008, 2021, 2024